Der Gegenstand und die Tragweite der vier europäischen Staatskonferenzen über internationales Privatrecht.

Rede,

gehalten vor dem Weltkongreß der Advokaten und Juristen an der Weltausstellung in St. Louis am 29. September 1904

von

Dr. jur. F. Meili,

o. ö. Professor des internationalen Privatrechts an der Universität Zürich.

Springer-Verlag Berlin Heidelberg GmbH 1905

ISBN 978-3-662-38729-0 ISBN 978-3-662-39616-2 (eBook)
DOI 10.1007/978-3-662-39616-2

Vorrede.

Die Welt hat alle Ursache, der königl. niederländischen Regierung besonderen Dank abzustatten für die Initiative, die sie vor etwas mehr als 10 Jahren ergriffen hat, um in staatlichen Konferenzen der Großzahl der europäischen Staaten den Versuch zu machen, gemeinsame Regeln über die aus dem privatrechtlichen Verkehr der Angehörigen verschiedener Staaten hervorgerufenen Kollisionen aufzustellen. Vermöge dieser Aktion ist das internationale Privatrecht endlich zum Gegenstande eingehender Diskussionen unter Delegierten der europäischen Staaten gelangt. Unzweifelhaft ist der Versuch gelungen, — ich sage dies, obwohl ich keineswegs mit allen Beschlüssen der verschiedenen Konferenzen einverstanden bin. Das praktische Ergebnis muß zurückgeführt werden auf das große Talent des Präsidenten der Staatskonferenzen, des hervorragenden Juristen der Niederlande Herrn Staatsrat Dr. T. M. C. Asser, und sodann auf die Bereitwilligkeit der Staaten, sich gegenseitig Konzessionen zu machen, ohne welche kein internationales Werk zustande kommen kann.

Allein es liegt auf der Hand, daß das internationale Privatrecht die Sehnsucht hat, Kollisionsnormen zu schaffen, welche nicht bloß für die europäischen Staaten, sondern vielmehr für die ganze zivilisierte Welt Geltung haben. Denn der moderne Verkehr ist an keine Grenzen gebunden: wir sind in eine Weltepoche eingetreten!

Unter diesen Umständen bereitete es mir ein besonderes Vergnügen, als an mich die Aufforderung des Ausstellungskomitees in St. Louis und der American Bar Association herantrat, an der Weltausstellung über die vier bisherigen staatlichen Konferenzen im Haag zu reden. Ich nahm die Mission um so lieber an, als ich in der Stellung als Delegierter der Schweiz an ihnen mitwirkte und daher in der Lage war, direkt über die Sachlage Bericht zu erstatten. Die Tage, die ich im Haag 1893, 1894, 1900 und 1904 zubrachte, waren zwar eminent anstrengend und arbeitsreich, aber sie gehören (wie ich nicht verhehlen kann) zu den schönsten Erinnerungen meines Lebens: ich habe den festen Glauben an die große Zukunft des internationalen Privatrechts und ich nahm deshalb stets mit Seele und Leib teil an den Beratungen. Aus den gleichen Betrachtungen heraus erklärt es sich auch, daß ich gerne über die Materie an einem Orte sprach, wo so viele Juristen anderer Staaten und speziell auch der neuen Welt zusammenkamen. Denn hier stand ich auf einem Weltkatheder, um den Gedanken zu vertreten, daß die Kollisionsnormen der Welt einheitlich sein müssen, wenn sie die Kollisionen nicht erzeugen, sondern verhüten sollen.

Mögen die Ideen, die ich vor einem Weltforum entwickelt habe, auf ein fruchtbares Erdreich gefallen sein und mögen sie dem internationalen Privatrechte neue Freunde zuführen! Möge man aber namentlich auch nicht vergessen, daß ein allfälliger Anschluß weiterer Staaten an die Haager Konferenzbeschlüsse ernsthafte Studien und methodische Arbeiten in den partikulären Gebieten voraussetzt. Ganz besonders ist es nötig, daß das internationale Privatrecht an allen größeren Universitäten als selbständige Disziplin systematisch gelehrt und gelernt werde. Von der Erfüllung dieses Postulates hängt im Grunde der wahre Fortschritt auf diesem Gebiete ab.

Zürich, im Dezember 1904.

D. V.

I.

Wenn man heute von den großen theoretischen Fortschritten des internationalen Rechts spricht, so denkt man in der Regel in erster Linie an die Friedenskonferenz. Und doch gingen ihr voraus und folgten ihr nach solche Konferenzen, die nicht minder bedeutend sind, die aber allerdings die Ordnung des internationalen Privatrechts betreffen, — sie bilden den Gegenstand meiner heutigen Rede.[1]) Auf die Anregung der kgl. niederländischen Regierung versammelte sich zunächst 1893 und 1894 fast ganz Europa im Haag: es nahmen Diplomaten und juristische Internationalisten an den Konferenzen teil. An der ersten Konferenz waren folgende Staaten vertreten:

1. das Deutsche Reich,
2. Österreich-Ungarn,
3. Belgien,
4. Dänemark,
5. Spanien,
6. Frankreich,
7. Italien,
8. Luxemburg,
9. Niederlande,
10. Portugal,
11. Rumänien,
12. Rußland,
13. Schweiz.

An der zweiten Konferenz nahmen auch Schweden und Norwegen teil. Serbien antwortete auf die Einladung nicht, Griechenland entschuldigte sein Nichterscheinen. Großbritannien verwies, um seine Abwesenheit zu begründen, auf die spezielle Natur des englischen Rechts. Im Jahre 1900 nahmen alle erwähnten Staaten wieder an den Konferenzen teil. Im Jahre 1904 (Mai und Juni) erschien auch noch ein Delegierter des Kaiserreichs Japan; die Tatsache war für einzelne Delegierte eine Überraschung! Die Vereinigten Staaten von Amerika sowie Süd-Amerika sind bis anhin diesen Konferenzen gänzlich fern geblieben.

Seit Jahrhunderten beschäftigen sich die Juristen mit der Frage, nach welchen Prinzipien ein Streit dann gelöst werden müsse, wenn

---

[1]) Es handelt sich hier um die deutsche Wiedergabe der Rede, welche ich vor dem Weltkongresse der Advokaten und Juristen an der Weltausstellung in St. Louis am 29. September 1904 in englischer Sprache gehalten habe.

zwei oder mehrere Gesetzgebungen auf ihn anwendbar zu sein scheinen: die Zweifel treten bei dem großen wechselseitigen Verkehr der Angehörigen der Staaten sehr häufig auf. Historisch reicht die Frage (wenn wir die römische Zeit hier außer Betracht lassen)[1]) schon in das frühe europäische Mittelalter zurück und sie fand ihre besondere Behandlung in den italienischen Städten und sodann u. a. von Bartolus (1314—1355 oder 1357), sodaß Phillimore mit einer kleinen Übertreibung in seinen Commentaries upon international law IV 3. ed. p. 19 die Arbeit dieses letzteren Juristen als fountain of private international jurisprudence zu bezeichnen sich veranlaßt sieht.[2]) Später war es dann namentlich die sogenannte holländische Schule des XVII. Jahrhunderts, welche die Theorie der collisio statutorum kultivierte. Ihr Hauptsatz war der, daß im Grunde genommen kein Staat verpflichtet sei, auf auswärtiges Privatrecht Rücksicht zu nehmen und daß er dies eventuell nur tue aus Höflichkeit. Englische und schottische Juristen holten im XVII. Jahrhundert vielfach ihre Bildung in den Niederlanden, und sie waren es, welche diese Lehre in England in Kurs brachten. Da die englischen Kolonisten das common law of England mit nach Amerika nahmen (vergl. dazu Kent, Commentaries on American Law I p. 343), ging auch der ganze Komplex der Anschauungen über das internationale Privatrecht als eine Art Exportartikel auf dieses Land über.[3]) Jedenfalls ist nach der Auffassung der hervorragendsten englisch-amerikanischen Schriftsteller die sogen.

---

[1]) Vielleicht werden uns die babylonischen und ägyptischen Studien der Neuzeit auch alte Kollisionsnormen zur Kenntnis bringen!

[2]) Ich verweise in dieser Beziehung auf mein 1902 in Zürich erschienenes Handbuch: „Das internationale Zivil- und Handelsrecht auf Grund der Theorie, Gesetzgebung und Praxis". Es interessiert vielleicht weitere Kreise, wenn ich hier hinzufüge, daß Herr Arthur K. Kuhn (Mitglied der Bar of New York) das zitierte Handbuch in die englische Sprache übersetzt hat und daß es (mit Ergänzungen über englisch-amerikanische Theorie und Praxis) in nicht ferner Zeit publiziert wird. Ferner wird das Handbuch in die japanische Sprache übersetzt.

[3]) Die Stelle bei Kent ist außerordentlich elegant, wenn er sich über das common law in England und Amerika folgendermaßen ausspricht: In its improved condition in England, and especially in its improved and varied condition in this country, under the benign influence of an expanded commerce, of enlightened justice, of republican principles and of sound philosophy, the common law has become a code of matured ethics to promote and secure the freedom and happiness of social life .... It is the common jurisprudence of the United States and was brought with them as colonists from England and established here, so far as it was adapted to our institutions and circumstances. It was claimed by the congress of the united colonies, in 1774, as a branch of those „indubitable rights and liberties to which the respective colonies are entitled". Kent läßt daraufhin einen poetisch verklärten Hymnus über den Wert des common law folgen.

comitas gentium die Basis für das internationale Privatrecht. Kent und Story, Phillimore (der Band IV ist betitelt Private international law or comity) und Twiss (Law of nations I § 160) haben dieser Ansicht Ausdruck verliehen, wogegen freilich Wharton, Conflict of Laws § 1 opponierte, und Lorimer fand noch energischere Töne, wenn er in den Institutes of the law of nations I S. 357 sagte: private international relations are relations of right on the one hand and duty on the other, und wenn er nachher die comitas gentium „an old woman's fable" nennt. Allein trotz dieser energischen Opposition kann und muß man sagen, daß die englisch-amerikanische Theorie des internationalen Privatrechts an jener gebrechlichen Unterlage leidet.

Indem die meisten Staaten Europas unter Anführung der Niederlande in gemeinsame Konferenzen über die zweckmäßigste Ordnung der mit dem internationalen Privatrechtsverkehr zusammenhängenden Fragen eintraten, um bindende Rechtsregeln darüber zu statuieren, haben sie der historischen Epoche, daß es sich hier um eine bloße Frage der Gefälligkeit oder Liebenswürdigkeit handle, definitiv den Laufpaß gegeben. Darin sind zwei Sätze enthalten:

1. das auswärtige Privatrecht steht prinzipiell gleichwertig da mit dem internen,
2. es besteht eine Rechtspflicht dafür, daß auswärtiges Privatrecht immer dann auf ein Rechtsverhältnis angewendet werden muß, wenn es demselben unterworfen ist.

Indem nun die europäischen Staatenkongresse sich regulär wiederholten und Lösungen für die Beseitigung der Rechtskollisionen aufstellten, haben sie mit Jahrhunderte alten Lehren abgerechnet und definitiv abgeschlossen.

II.

Wenn es sich darum handelt, die Hauptfragen der vier Konferenzen im Haag zu schildern, so dürfte es am richtigsten sein, ihre Ergebnisse nur in großen Linien vorzuführen und alles Detail auf der Seite zu lassen. Nur über die Art des Vorgehens sind vielleicht noch ein paar Bemerkungen gestattet. Schon von der ersten Konferenz an galt es ohne jede Diskussion als selbstverständlich, daß die französische Sprache als allgemeines Verständigungsmittel verwendet werde, und dabei verblieb es. Sodann wurden stets von Anfang an Kommissionen gebildet, um bestimmte Materien eingehend und in freierer Weise zu diskutieren und sodann zu konkreten Lösungen zu gelangen. Von 1900 an bestand die ausgezeichnete Praxis, daß die verschiedenen Regierungen zu den einzelnen Fragen Stellung nahmen und daß die niederländische Regierung die Bemerkungen und Vorschläge mit denjenigen der in den Niederlanden bestehenden Spezialkommission für dieses Gebiet sammelte und den Regierungen rechtzeitig übermittelte. Der jeweilige Präsident der Kommission pflegte auch den Detailbericht und die Vorlage an die Gesamtkonferenz auszuarbeiten, — zuweilen wurde auch ein besonderer Berichterstatter ernannt — die Herstellung des „Rapport“ ist eine sehr anstrengende Arbeit, und es muß dabei naturgemäß speziell an die nie versagende Liebenswürdigkeit der französischen Delegierten appelliert werden.[1]) Das Referat unterliegt zunächst der Prüfung und Diskussion der Kommissionsmitglieder. Hernach gelangt die Materie zur Diskussion vor die Gesamtkonferenz, und hier können selbstverständlich von allen Delegierten Abänderungsanträge gestellt werden. Grundsätzlich finden zwei Lesungen statt. In der zweiten handelt es sich in der Regel nur darum, die Redaktion zu bereinigen, also nicht darum, die erledigten Fragen noch einmal zu diskutieren und darüber abzustimmen. Immerhin gab es auch da Ausnahmen, z. B. wenn der Präsident der Konferenz erst in letzter Stunde eine neue Kombination zur Ausgleichung bestehender Differenzen ausfindig machte. Dieser Fall trat freilich selten ein. Staatsrat Asser als jeweilig neu ernannter Präsident aller vier Konferenzen war so sehr die Seele der ganzen Unternehmung, daß er immer zur rechten Zeit einen Ausweg vorzuschlagen das Talent hatte.

Die bisherigen vier Staatenkonferenzen haben verschiedenartige Themata aufgegriffen.

Die Arbeiten der Staatenkonferenzen sind richtigerweise in drei Gruppen einzuteilen; denn sie berühren Gebiete, die prinzipiell auseinandergehalten werden müssen, nämlich:

A. Das internationale Zivilprozeßrecht,

B. das internationale Privatrecht,

C. das internationale Konkursrecht.

---

[1]) Es ist mir ein Bedürfnis hier namentlich auch mit besonderer Anerkennung des berühmten französischen Internationalisten L. Renault zu gedenken, unter dessen Präsidium ich an jeder Konferenz arbeitete.

A.

Betreffend das internationale Zivilprozeßrecht.

Es wurde 1899 ein Übereinkommen abgeschlossen zwischen den 14 Staaten, welche an der II. Konferenz vertreten waren: es führt den Titel Convention pour établir des règles communes concernant plusieurs matières de droit international privé se rapportant à la procédure civile. Die Niederlegung der Ratifikationen erfolgte am 27. April 1899. Die Übereinkunft war auf 5 Jahre abgeschlossen, sie dauerte also bis 27. April 1904; da aber kein Staat eine Kündigung vornahm, geht nach einer ausdrücklichen Bestimmung die Übereinkunft bis 27. April 1909 weiter.[1]) Mit Rücksicht darauf, daß sich in der Praxis verschiedene Lücken gezeigt hatten, wurde die Frage der Revision auf die Tagesordnung der Konferenz von 1904 gesetzt und es wurde in der Tat eine neue Konvention ausgearbeitet, die bestimmt ist, die alte zu ersetzen; denn es steht ja natürlich den kontrahierenden Staaten frei, jederzeit eine neue Konvention abzuschließen. Das gegenwärtige Haager Übereinkommen bezieht sich auf folgende Materien:

a) Die Zustellung der gerichtlichen und außergerichtlichen Akten (Kündigungen, Zessionen, Zitationen),
b) die Frage der Requisitoriale,
c) die Ausländerkaution,
d) das Armenrecht,
e) die Schuldhaft (contrainte par corps).

In allen diesen Gebieten wurden Bestimmungen getroffen, welche für den internationalen Verkehr wichtig sind, — das interne Recht blieb in der Hauptsache unberührt. Auch die Schuldhaft, um darüber ein Wort hier zu sagen, wurde nicht etwa direkt abgeschafft, sondern es wurde ausgesprochen, daß sie gegen Fremde nur dann angewendet werden könne, wenn sie auch gegen Inländer zulässig sei.[2])

---

[1]) Die Übereinkunft ist französisch und deutsch abgedruckt im Anhange zu meiner Schrift: Das internationale Privatrecht und die Staatenkonferenzen im Haag. Zürich 1900. Vergl. auch C. D. Asser in Report of the twentieth Conference of the international law Association London 1901 p. 299. Der Wortlaut ist dort in englischer Sprache S. 305 abgedruckt. Ferner verweise ich auf T. M. C. Asser: La convention de la Haye, du 14. Novembre 1896 relative à la procédure civile (1901).

[2]) Vergl. dazu Kleinfeller: Über den Einfluß der Konkurseröffnung auf die Personalhaft mit Rücksicht auf Art. 17 des Haager Abkommens in Z. für internationales Privat- und öffentliches Recht XIII S. 1—11. Die Ausführung in meinem Buche: Das internationale Zivilprozeßrecht auf Grund der Theorie, Gesetzgebung und Praxis. Zürich 1904, S. 30 bedarf hier einer Korrektur.

Die Haager Übereinkunft hat im Umkreise ihres Geltungsgebietes die Gewährung der Rechtshilfe (im weitesten Sinne) im internationalen Leben zu einer völkerrechtlichen Pflicht erhoben und die Zulässigkeit einer Ablehnung an ganz bestimmte und enge Voraussetzungen geknüpft.[1])

Was die Zitationen angeht, so ist es offenbar ein Gebot der Gerechtigkeit dafür zu sorgen, daß sie den betreffenden Personen im Auslande auch effektiv zukommen; denn sonst wird der Prozeß auf einer bedenklichen Fiktion aufgebaut. Vermöge der vertraglich begründeten Zustellungspflicht ist hier schon jetzt eine gewisse Garantie für diesen Satz geschaffen. Dagegen ist nicht zu leugnen, daß damit die in einzelnen europäischen Staaten bestehende remise au parquet (Frankreich, Italien)[2]) oder die Übergabe der Zitation an die Gerichtsschreiberei (Österreich) noch nicht beseitigt worden ist. In der Praxis haben sich allerdings Zweifel darüber erhoben, ob die in Art. 1 des Übereinkommens geordnete Übermittlung gerichtlicher Urkunden mit der Übergabe an die internen Behörden oder erst mit der Zustellung an den Adressaten erfolge. Indessen wollte die Staatenkonferenz in das interne Prozeßrecht nicht eingreifen und in diesem Sinne wurde das Übereinkommen auch mehrfach in den Berichten interpretiert, welche zur Einholung der parlamentarischen Sanktion ausgearbeitet worden sind. An der IV. Staatenkonferenz wurde nun vollends die Sache klargestellt. Belgien stellte geradezu den Antrag, in das Übereinkommen folgenden Satz aufzunehmen:

> La signification ne produit son effet qu'à partir de l'accomplissement de ces formalités (d. h. nach deren wirklicher Übergabe an den Destinatär).

Allein die IV. Staatenkonferenz lehnte es ab, so weit zu gehen und sie drückte nur den Wunsch aus, daß auf dem Wege der Revision der internen Gesetzgebung oder der Staatsverträge das System der remise au parquet (und ähnlicher Prozeduren) abgeschafft werde. Gerade hier zeigt sich wieder mit aller Deutlichkeit, wie sehr sich die Staatenkonferenz hütete, direkt in die positive Gesetzgebung der einzelnen Staaten einzugreifen: auch ich habe in diesem Sinne votiert und gestimmt, obwohl ich die Existenz jener Systeme lebhaft bedaure.

Besonders wichtig für die Rechtspflege ist sodann die Bestimmung, daß sich die Staaten zur Ausführung von Requisitorialien verpflichteten: innerhalb des Gebiets der Haager Übereinkunft ist hier eine besonders wichtige völkerrechtliche Obligation begründet worden und ich füge sofort hinzu, daß sie durch das Revisionsprojekt von 1904 noch verstärkt worden ist (vgl. z. B. Art. 11). Dabei wurde

---

[1]) Dies ist zutreffend auch von C. D. Asser a. a. O. S. 301 betont. Vgl. ferner mein Buch „Das internationale Zivilprozeßrecht.

[2]) Vgl. dazu mein internationales Zivilprozeßrecht S. 182 ff.

der Satz aufgenommen, daß das requirierte Gericht, wenn es nicht oder nicht mehr zuständig ist, den Akt an das wirklich kompetente Gericht weitergibt. Und anläßlich der Revision von 1904 wurde noch folgender Zusatz gemacht, der sehr wichtig ist (Art. 11):

> L'autorité requérante sera, si elle le demande, informée de la date et du lieu où il sera procédé à la mesure sollicitée, afin que la partie intéressée soit en état d'y assister.

Die gegenwärtige Übereinkunft hat die Berechtigung die Rechtshilfe hinsichtlich der Requisitorialien (und der Übergabe von Akten) zu gewähren oder zu verweigern in positiver Weise abgegrenzt, indem sie laut Art. 7 (vergl. auch Art. 2) nur dann abgelehnt werden kann, wenn die Erledigung nach der Auffassung des Staates, auf dessen Gebiet sie erfolgen soll, geeignet erscheint, seine Hoheitsrechte zu verletzen oder seine Sicherheit zu gefährden. Man wollte damit die Gewährung der internationalen Rechtshilfe ausweiten. Sie kann also allerdings z. B. nicht erzwungen werden, wenn es sich um Erhebungen handelt über Dinge, welche der requirierte Staat als Staatsgeheimnis ansieht oder welche geheime staatliche Verständigungen betreffen.[1])

Ferner ist wichtig, daß auf Grund des Übereinkommens auf die besonderen Rechtsformen des requirierenden Staates Rücksicht genommen werden darf (Art. 10). Es gibt Gesetzgebungen, welche den Eid ausschließen bei den Parteien, Zeugen, Experten oder welche die Anwesenheit der Parteien und ihrer Vertreter bei den Zeugeneinvernehmungen nicht als statthaft ansehen. In diesen Fällen darf ex comitate gentium eine Konzession gemacht werden, sofern der requirierende Staat das Begehren stellt, und die Gesetzgebung des requirierten Staats das gewünschte Verfahren nicht verbietet.

Das Haager Übereinkommen hat die Frage der Kosten für Requisitorialien nicht geordnet, dagegen tat dies das Revisionsprojekt von 1904: es ruht auf dem Grundsatze, daß die Ausführung unentgeltlich zu erfolgen habe mit Ausnahme der Zeugen- und Expertengebühren und derjenigen Kosten, welche durch die Intervention eines Beamten (huissier) wegen der zwangsweisen Zitation von Zeugen entstehen (Art. 16). Wenn dieses Prinzip angenommen wird, so ist damit der Satz ausgesprochen, daß die Gewährung der Rechtshilfe im weitesten Sinne eine universelle Pflicht der Völker sei.

Das Haager Übereinkommen hat ferner die Ausländerkaution, die ein Kläger deswegen leisten mußte, weil er ein fremder Staatsangehöriger ist oder keinen Wohnsitz im Inlande hat, abgeschafft. Hierin liegt meiner Ansicht nach ein sehr bedeutender Fortschritt, denn die Kautionen erschweren in ungebührlicher Weise

---

[1]) Vergl. hinsichtlich der Details auch mein internationales Zivilprozeßrecht S. 55.

die Verfolgung subjektiver Rechte. Auf der andern Seite ist eine Exekution der Urteile international zugesichert worden, soweit sie sich auf die Prozeßkosten beziehen. Bekanntlich ist die Frage der Exekution auswärtiger Zivilurteile eine der schwierigsten, die es überhaupt geben kann. Sowohl das Institut de droit international als auch die International Law Association haben sich in dieser Beziehung vielfach abgemüht,[1]) und ihre Verdienste sind diesfalls sehr hoch zu schätzen. An der Versammlung der International Law Association in Rouen 1900 wurde ein von Alderson Foote ausgearbeiteter Entwurf vorgelegt, der in englischer Sprache im Report of the nineteenth Conference London 1901 p. 196 ff und in französischer Sprache p. 204 abgedruckt ist. An diesem Entwurf wurden für die Versammlung in Glasgow einige Änderungen vorgeschlagen (Report of the twentieth Conference p. 274 ff.). Auch finden sich eine Reihe kritischer Bemerkungen darüber im letzterwähnten Report p. 282–298.

Die Frage der Exekution der Urteile wurde in der Versammlung der International Law Association in Glasgow 1901 wieder diskutiert aber nicht zum Abschlusse gebracht (Report of the twentieth Conference London 1901 p. 309—325).

Die International Law Association gelangte in der neuesten Zeit dazu, eine Einigung über die Anerkennung auswärtiger Zivilurteile auf Urteile über Geldkondemnationen zu beschränken. Art. I des Entwurfs lautet folgendermaßen (Report of the nineteenth Conference London 1901 p. 196 und 197):

> This Convention shall relate to and operate in respect of the following judgments only, viz, judgments for the payment of an ascertained sum of money, whether by way of debt, damages or costs, by one person to another . . .

In dem Entwurfe von A. Foote findet sich zu Art. I folgende Note (Report of the nineteenth Conference London 1901 p. 197):

> It is suggested that there is no practical chance of obtaining legislation or even agreement, at any rate for the present, except by confining the attempt to the simple case of a judgment in personam for an ascertained sum of money.

Gerade die Erfahrungen, welche die beiden hervorragenden Gesellschaften über internatio-

---

[1]) Ich verweise auf meine Schrift „Geschichte und System des internationalen Privatrechts im Grundriß“, Leipzig 1892, S. 170 und 171, und ferner auf meine Broschüre „Reflexionen über die Exekution auswärtiger Zivilurteile“ (Zürich 1902).

nales Recht gemacht haben, liefern den manifesten Beweis dafür, daß die Staatenkonferenzen sehr klug daran getan haben, sich vorläufig mit dem Satze zu begnügen, daß die Kostenurteile von den Staaten exequiert werden müssen. Der Fortschritt setzt in der Welt fast immer an einem bescheidenen Orte an, und wenn sich die Sache im kleinen bewährt, kann mit um so größerer Sicherheit auf Erfolg auf der begonnenen Bahn weitergeschritten werden. Ich füge hinzu, daß die IV. Staatenkonferenz von 1904 sich weiter eingehend mit diesem Fragmente der Urteilsexekution beschäftigt hat und daß insbesondere die Unentgeltlichkeit der Exekution vereinbart wurde (Art. 18). Im übrigen möchte ich bei dieser Gelegenheit neuerdings betonen, daß die ganze Materie früher unrichtig in die Hand genommen worden ist. Die Ordnung derselben kann richtigerweise nur dann korrekt erfolgen, wenn gleichzeitig die Fora vereinbart werden.[1])

Endlich enthält das Haager Übereinkommen auch eine Bestimmung zu gunsten der Armen: auch fremde Staatsangehörige sollen ganz so zum Armenrecht zugelassen werden, wie die Einheimischen. Darin liegt nach meiner Ansicht, vom Gesichtspunkt der internationalen Humanität, ein Fortschritt. Es gibt Leute, welche darunter die Befreiung von Kautionen und das Recht auf unentgeltliche Verbeiständigung verstehen. In dieser Beziehung ist namentlich auch auf einen Bericht von Coldstream in Edinburgh „The expediency of uniformity in the procedure of the costs of civilized countries with regard to pauper litigants" zu verweisen und sodann auf International Law Association twenty-first Report p. 39.

---

1) Ich habe diesen Gedanken weiter ausgeführt in der Broschüre: Reflexionen über die Exekution auswärtiger Zivilurteile. Natürlich komme ich darauf im letzten Teile meines Buches, „Das internationale Zivilprozeßrecht" wieder zurück.

B.

Betreffend das internationale Privatrecht.

Die Haager Konferenzen haben Vertragsprojekte über die Kollisionen ausgearbeitet, welche sich auf verschiedene Materien des Privatrechts beziehen, nämlich:

a) auf einzelne Gebiete des Familienrechts:[1])

α) den Abschluß der Ehe,
β) die Ehescheidung,
γ) die Bevormundung der Minorennen.

Jeder einzelne dieser Gegenstände ist in einer Konvention behandelt. Die drei Vertragsprojekte sind von den Parlamenten von 7 Staaten angenommen worden, und am 1. Juni 1904 wurden, während wir zur IV. Konferenz versammelt waren, im Haag die Ratifikationsurkunden ausgewechselt[2]), nämlich von folgenden Staaten:

Frankreich, Deutschland, Belgien, Niederlande, Luxemburg, Rumänien und Schweden.

Die andern Staaten haben bis anhin sich noch nicht schlüssig gemacht. Doch werden Österreich-Ungarn, Italien und wahrscheinlich auch Spanien und Portugal bis Ende 1904 beitreten. Die Schweiz hat aus mehrfachen Gründen sich nicht beeilt, die Materie der Bundesversammlung vorzulegen. Einmal wurden ihr die gewünschten Konzessionen zugunsten des Domizilrechts in der Materie der Vormundschaft nicht gemacht und sodann befindet sie sich deswegen

---

[1]) Über die zwei Staatsverträge betreffend den Abschluß der Ehe und die Ehescheidung finden sich einige Erläuterungen in dem Werke von Leske und Löwenfeld „Die Rechtsverfolgung im internationalen Verkehr", Vierter Band: Das Eherecht der europäischen Staaten und ihrer Kolonien. 1904, S. 986—996.

[2]) Simeon E. Baldwin faßt diese Verträge zusammen unter der Bezeichnung „The new Code of international family law" (Yale law Journal June 1903, Seite 487). Dieser Autor befindet sich aber in einem Irrtum, wenn er sagt, daß die zitierten Verträge unter den meisten Kongreßstaaten am 12. August 1902 in Kraft getreten seien. Er ließ sich dabei von der Ansicht leiten, daß die diplomatische Unterzeichnung vom 12. Juni 1902 schon die Auswechslung der Ratifikationsurkunden enthalte!

in einer schwierigen Situation, weil gerade jetzt die Kodifikationsarbeiten für ein Zivilgesetzbuch im Vordergrunde stehen.[1])

b) auf die Wirkungen der Ehe bezüglich der persönlichen Rechte der Ehegatten und des Güterrechts.

Die niederländische Regierung legte in ihrem Projet de Programme vom Dezember 1897 einen Entwurf vor betitelt: Dispositions concernant les effets du mariage sur les biens des époux".[2]) Für die III. Staatenkonferenz war vorgeschlagen worden, die Materie in folgende Teile zu zergliedern:

A. Les effets du mariage sur l'état et la capacité de la femme (Documents relatifs à la quatrième Conference 1904 p. 52).
B. Les effets du mariage sur les biens des époux (Documents p. 64).
C. Les effets du divorce et de la séparation de corps (Documents p. 80).

Die IV. Staatenkonferenz arbeitete dann ein einheitliches Verragsprojekt aus betitelt:

> Projet d'une Convention concernant les conflits de lois relatifs aux effets du mariage sur les droits et les devoirs des époux dans leur rapports personnels et sur les biens des époux.

Indessen kann ich hier sagen, daß dieses Vertragsprojekt noch nicht zur Annahme reif ist: es zeigten sich so außerordentlich viele Schwierigkeiten bei der Detailprüfung, daß darüber noch eingehende Untersuchungen gepflogen werden müssen. Unter diesen Umständen ziehe ich es vor, darüber an diesem Orte nicht weiter zu reden.[3])

c) auf das Erbrecht. Schon die I. Konferenz hatte sich damit beschäftigt in dem vollen Bewußtsein, daß die Vorlage noch nicht als definitiv anzusehen sei, wie sich dies aus dem Ingreß ergab (Actes de la Conférence I. partie), woselbst ein Vorbehalt enthalten war (sous la ré-

---

[1]) Mit Botschaft vom 18. November 1904 legte der schweizerische Bundesrat die erwähnten drei Konventionen der Bundesversammlung zur Genehmigung vor (Bundesblatt 1904, V., S. 869). — Die drei Konventionen sind unter den genannten Staaten am 31. Juli 1904 in Kraft getreten (Revue de dr. i. D. S. VI p. 517). Die Notiz von Simeon E. Balduin „The Hague conference of 1904 for the advancement of private international law (Yale Law Journal Nov. 1904) ist nicht ganz richtig.

[2]) Das Projekt findet sich abgedruckt in meiner Schrift „Das internationale Privatrecht und die Staatenkonferenzen im Haag" S. 60 und 61.

[3]) Ich verweise auf meine Schrift: Das internationale Privatrecht und die Staatenkonferenzen im Haag, p. 60—67.

serve expresse des dérogations que chaque Etat pourra juger nécessaire, au point de vue du droit public ou de l'intérêt social . . .). Die zweite Konferenz beschäftigte sich wiederum mit dem Gegenstand (Actes de la deuxième Conférence p. 125), ebenso die dritte Konferenz (Actes de la troisième Conférence p. 107). Diese arbeitete einen Vertragsentwurf aus, der betitelt war:

> Projet d'une Convention pour régler les conflits de lois relativement aux successions, aux testaments et aux donations à cause de mort.

Indessen fand diese Konvention bei den beteiligten Staaten keine rechte Begeisterung, sodaß die Regierung der Niederlande es vorzog, sie den Staaten zur Unterzeichnung nicht zu empfehlen. Auf diese Weise erklärt es sich, daß die IV. Konferenz sich neuerdings mit dem Gegenstande befaßte auf Grund einer ganzen Reihe von Ausstellungen der einzelnen Staaten (Documents relatifs à la quatrième conférence 1904 p. 28). Auf der IV. Konferenz zeigte sich nun das Bestreben, nur einzelne Fragen des Erbrechts herauszugreifen und also keineswegs alle mit dem Erbrecht zusammenhängenden Punkte zu ordnen. Insbesondere wurde ausdrücklich erklärt, daß die Konvention nicht ordnen wolle:

α) die Schenkungen,
β) die Erbverträge,
γ) die erbrechtliche Stellung der juristischen Personen.

So kommt es, daß der Vertragsentwurf nunmehr den Titel führt:

> Projet d'une Convention sur le conflit de lois en matière de successions et de testaments.

Die Konferenz äußerte 1904 speziell folgenden Wunsch:

> Que le Gouvernement des Pays-bas veuille bien, aussitôt que possible après la signature de la Convention sur les successions et les testaments, convoquer une nouvelle Conférence, qui aurait pour mandat de préparer le protocole additionnel visé à l'art. 6 § 2 de la dite Convention aussi que la Convention relative à la compétence et à la procédure en matière de successions et de testaments visée à l'art. 8.

Der hier zitierte Art. 6 § 2 bezieht sich auf die Spezifikation der imperativen oder prohibitiven Normen, deren Anwendung das interne Recht auch dann verlangt, wenn im übrigen ein auswärtiges Erbrecht anzuwenden ist. Und Art. 8 bestimmt:

> Aussitôt que possible après la signature de la présente Convention, les Etats contractants établiront d'un commun accord les règles concernant la compétence et la procédure en matière de successions et de testaments.
>
> La convention contenant ces règles sera ratifiée en même temps que la présente Convention.

Die im Haag bezüglich des Privatrechts präparierten Konventionen berühren das Familien und Erbrecht und es wird passend sein, ihre Hauptgesichtszüge kurz anzugeben.

1.

Die Konvention über die Ehe.

Diese Konvention bezieht sich nur auf die Bedingungen über die Gültigkeit der Ehe und sie stellt in dieser Beziehung folgende Grundsätze auf, — auch hier konzentriere ich mich auf die Hauptsache.

Article 1.	Artikel 1.
Le droit de contracter mariage est réglé par la loi nationale de chacun des futurs époux. . . .	Das Recht zur Eingehung der Ehe bestimmt sich in Ansehung eines jeden der Verlobten nach dem Gesetze des Staates, dem er angehört (Gesetz des Heimatstaats). . . .

Der Ausgangspunkt für die Beseitigung der Kollisionen ist im kontinentalen Europa das nationale Recht immer dann, wenn es sich um die Frage des sogenannten Personalstatuts handelt und diese wird allerdings praktisch, wenn eine dem Personenrecht angehörende Fähigkeit in Diskussion liegt. Darunter fällt zweifellos die Fähigkeit eine Ehe einzugehen. Die Gesetzgebungen der kontinentalen Staaten Europas finden, daß der nationale Staat allein in der richtigen Lage sei, diejenigen Erfordernisse aufzustellen, welche für den Abschluß der Ehe nötig sind. In dieser Beziehung ist von ganz besonderer Bedeutung das Alter, das je nach dem Klima wechselt. Daran reihen sich aber weitere Gesichtspunkte sozialer und moralischer Ordnung, wie namentlich die Ehehinderungsgründe, die mit der Verwandtschaft zusammenhängen. In Europa will man mit der maßgebenden lex patriae eine Garantie schaffen dafür, daß die Ehegatten mit den internen Gesetzen kein Spiel treiben können, indem sie einfach sich momentan oder für länger unter eine andere Gesetzgebung stellen. So erklärt sich Art. 1.

In dieser prinzipiellen Hauptfrage differiert die englisch-amerikanische Auffassung von der kontinental-europäischen; denn sie stellt auf das Gesetz des Domizils, ja sogar des bloßen Aufenthaltsorts ab. Und ich muß hinzufügen, daß für solche ehelustige Personen, die auf dem europäischen Kontinente nicht an ihr Ziel gelangen konnten, England ungefähr so das matrimoniale Eldorado wurde, wie s. Z. Schottland für Engländer und Engländerinnen, als die Gretnagreen marriages eine Rolle spielten. So lange überhaupt die Bedingungen der Gültigkeit der Ehe in andern mehr oder weniger leicht zu erlangenden Staaten geringer sind, als in einem andern, ist es im Grunde wesentlich nur eine Frage des Portemonnaies, ob die Ehe nicht im Widerspruche zu dem nationalen Rechte eingegangen werde. Die Haager Konvention will diesem Zustande innerhalb ihres Gebietes einen Riegel vorschieben.

Nun hat sie freilich den Grundsatz etwas gemäßigt, um speziell der Schweiz entgegenzukommen. Dem erwähnten Grundsatze wurde folgender Zusatz angehängt:

à moins qu'une disposition de cette loi ne se réfère expressément à une autre loi.

soweit nicht eine Vorschrift dieses Gesetzes ausdrücklich auf ein anderes Gesetz verweist.

Art. 25 des schweizer. Bundesgesetzes über Zivilstand und Ehe bestimmt nämlich:

> Sera reconnu comme valable dans toute la Confédération le mariage conclu dans les cantons ou à l'étranger, conformément à la législation qui y est en vigueur.

Und der erwähnte Zusatz in der Konvention enthält eine Konzession, welche der Schweiz gemacht worden ist. Ich führte seinerzeit in der Eherechtskommission aus, es bestehe doch kein genügender Grund, die Schweiz zu zwingen, das nationale Recht zu respektieren in einem Gebiete, in welchem sie so international denke und alle Ehen anerkenne, welche im Auslande nach dem dort geltenden Rechte abgeschlossen wurden.

Man sagte sich nun weiter, daß auch der Gesetzgebung des Domizils ein gewisser Einfluß eingeräumt werden müsse, weil sie den Abschluß von Ehen nicht unter allen Umständen gestatten könne bloß deswegen, weil das nationale Gesetz es zulasse. Die Staatenkonferenz fand, daß der Domizilstaat in gewissen besonders hervorstechenden Fällen zu dem Eheabschlusse keine Hand bieten müsse. Drei Fälle sind in Art. 2 herausgehoben. Dieser Artikel lautet folgendermaßen:

Article 2.

La loi du lieu de la célébration peut interdire le mariage des étrangers qui serait contraire à ses dispositions concernant:

1. les degrés de parenté ou d'alliance pour lesquels il y a une prohibition absolue;

Artikel 2.

Das Gesetz des Ortes der Eheschließung kann die Ehe von Ausländern untersagen, wenn sie verstoßen würde gegen seine Vorschriften über:

1. die Grade der Verwandtschaft und Schwägerschaft, für die ein absolutes Eheverbot besteht;

2. la prohibition absolue de se marier, édictée contre les coupables de l'adultère à raison duquel le mariage de l'un d'eux a été dissous;

3. la prohibition absolue de se marier, édictée contre des personnes condamnées pour avoir de concert attenté à la vie du conjoint de l'une d'elles.

2. das absolute Verbot der Eheschließung zwischen den des Ehebruchs Schuldigen, wenn auf Grund dieses Ehebruchs die Ehe eines von ihnen aufgelöst worden ist;

3. das absolute Verbot der Eheschließung zwischen Personen, die wegen gemeinsamer Nachstellung nach dem Leben des Ehegatten eines von ihnen verurteilt worden sind.

Immerhin wurde dann weiter bestimmt:

Le mariage célébré contrairement à une des prohibitions mentionnées ci-dessus ne sera pas frappé de nullité, pourvu qu'il soit valable d'apres la loi indiquée par l'article 1 er.

Ist die Ehe ungeachtet eines der vorstehend aufgeführten Verbote geschlossen, so kann sie nicht als nichtig behandelt werden, falls sie nach dem im Artikel 1 bezeichneten Gesetze gültig ist.

Ferner ist hinzuweisen auf:

Article 3.

La loi du lieu de la célébration peut permettre le mariage des étrangers nonobstant les prohibitions de la loi indiquée par l'article 1 er, lorsque ces prohibitions sont exclusivement fondées sur des motifs d'ordre religieux.

Les autres Etats ont le droit de ne pas reconnaître comme valable le mariage célébré dans ces circonstances.

Artikel 3.

Das Gesetz des Ortes der Eheschließung kann ungeachtet der Verbote des im Artikel 1 bezeichneten Gesetzes die Ehe von Ausländern gestatten, wenn diese Verbote ausschließlich auf Gründen religiöser Natur beruhen.

Die anderen Staaten sind berechtigt, einer unter solchen Umständen geschlossenen Ehe die Anerkennung als einer gültigen Ehe zu versagen.

Die Konferenz hat hier den Einfluß des nationalen Rechts zugunsten der Ehefreiheit temperiert. Wenn das nationale Recht aus religiösen Gründen die Ehe z. B. zwischen Christen und Juden verbietet, so ist ein anderer Staat nicht verpflichtet den Eheabschluß zu verweigern. Dies wäre eine Versündigung gegen das große Prinzip der Freiheit, und ich stellte in der Kommission seinerzeit den Antrag, das letztere zu respektieren, und ich siegte ob (Acte de la troisième Conference 1900 p. 174). Die Korrektur dieses Satzes liegt darin, daß die anderen Staaten (abgesehen von dem Staate der lex loci celebrationis) eine solche Ehe als ungültig ansehen können.

Ich will noch eine Bestimmung herausheben, nämlich:

Article 5.

Sera reconnu partout comme valable, quant à la forme, le mariage célébré suivant la loi du pays où il a eu lieu.

Il est toutefois entendu que les pays dont la législation exige une célébration religieuse, pourront ne pas reconnaître comme valables les mariages contractés par leurs nationaux à l'étranger sans que cette prescription ait été observée.

Les dispositions de la loi nationale, en matière de publications, devront être respectées; mais le défaut de ces publications ne pourra pas entraîner la nullité du mariage dans les pays autres que celui dont la loi aurait été violée.

Une copie authentique de l'acte de mariage sera transmise aux autorités du pays de chacun des époux.

Artikel 5.

In Ansehung der Form ist die Ehe überall als gültig anzuerkennen, wenn die Eheschließung dem Gesetze des Landes, in welchem sie erfolgt ist, entspricht.

Doch brauchen die Länder, deren Gesetzgebung eine religiöse Trauung vorschreibt, die von ihren Angehörigen unter Nichtbeachtung dieser Vorschrift im Ausland eingegangenen Ehen nicht als gültig anzuerkennen.

Die Vorschriften des Gesetzes des Heimatstaates über das Aufgebot müssen beachtet werden; doch kann das Unterlassen dieses Aufgebots die Nichtigkeit der Ehe nur in dem Lande zur Folge haben, dessen Gesetz übertreten worden ist.

Eine beglaubigte Abschrift der Eheschließungsurkunde ist den Behörden des Heimatlandes eines jeden der Ehegatten zu übersenden.

Die bekannte Rechtsregel lous regit actum hat auch hier ihre Geltung. Allein auf Begehren Rußlands haben wir eine Modifikation eintreten lassen, weil dieser Staat nur solche Ehen anerkennt, die kirchlich eingesegnet sind. Deswegen werden orthodoxe Russen, die in der Schweiz heiraten, stets darauf hingewiesen, sich nach der Ziviltrauung noch in der russischen Kirche in Genf einsegnen zu lassen. Rußland ist nach Art. 5 berechtigt, Ehen, die im Auslande nicht kirchlich vollzogen worden sind, in seinem Territorium als ungültig zu erklären. Allein diese Konzession ging Rußland nicht weit genug und es trat dem Vertrage nicht bei; es erhob die Prätention, daß Ehen von Russen, die im Auslande nach der daselbst bestehenden Form der Ziviltrauung abgeschlossen werden, überall als ungültig angesehen werden. Diese ungemessene Herrschaft der lex patriae konnten wir nicht gutheißen. Rußland ist nun der fraglichen Konvention nicht beigetreten, sodaß das ihm erwiesene Entgegenkommen nutzlos war. Dieser Vorgang beweist, daß man unter Umständen einem Staate gegenüber auch zu liebenswürdig sein kann!

2.

Die Konvention über die Ehescheidung.

Die Ordnung der Ehescheidung auf dem internationalen Boden war ebenso wichtig wie die der Ehebegründung, — ich beantragte schon an der ersten Konferenz (Actes 1893 p. 71), daß auch diese Materie auf die Traktandenliste gesetzt werde. Ich greife hier zwei Fragen heraus.

1. Eine prinzipielle Lösung zu finden war hier sehr schwer angesichts der Tatsache, daß die Gesetzgebungen über die Ehescheidung in der Welt sehr differieren, daß ganz besonders einzelne katholische Staaten für die katholischen Angehörigen (Österreich, Italien, Spanien, Portugal) nur die séparation de corps und nicht die definitive Scheidung kennen, daß andere nur die letztere zulassen, daß einzelne Gesetzgebungen viele Ehescheidungsgründe aufführen, andere aber diesfalls sehr karg verfahren (England, Nordamerika). Nun hatte das Institut de droit international in seinem „Règlement des conflits de lois en matière de mariage et de divorce“ [1]) folgende Bestimmungen vorgeschlagen:

> Art. 17. La question de savoir si un divorce est légalement admissible ou non dépend de la loi nationale des époux.
>
> Art. 18. Si le divorce est admis en principe par la loi nationale, les causes qui le motivent doivent être celles de la loi du lieu où l'action est intentée.
>
> Le divorce ainsi prononcé par le tribunal compétent sera reconnu partout.

Von Anfang an hatte ich in der Kommission den Standpunkt vertreten, daß dieser vom Institut entwickelte Gedanke eine ausgezeichnete Versöhnung der zwei Hauptprinzipien der lex patriae und der lex domicilii enthalte. Dabei führte ich aus, daß die primäre Frage in diesem Gebiete die sei, ob überhaupt die Staaten die definitive Scheidung kennen, daß die einzelnen Gründe eher sekundärer Art seien. Die erste Frage müßte also von der lex patriae entschieden werden. Werde sie von dem nationalen Staate verneint, so könne auch der Domizilstaat nicht scheiden. Italiener, Spanier, Portugiesen können also am Wohnorte sogar dann nicht geschieden werden, wenn auch das Gesetz des Wohnortes die gänzliche Ehescheidung kenne. Wenn aber um-

---

[1]) Es ist abgedruckt in meiner Schrift: Geschichte und System des internationalen Privatrechts im Grundriß S. 73—75. In spanischer Sprache ist es mitgeteilt von Torres Campos: Bases de una Legislacion sobre Extraterritorialidad Madr. 1896 p. 188—190.

gekehrt der nationale Staat die Ehescheidung zulasse, so entscheiden über die Ehescheidungsgründe die Gesetze des Domizils.

Allein die von mir vertretene sententia media trug in der Kommission den Sieg nicht davon.

Im Jahre 1894 waren die Meinungen zuerst noch sehr geteilt, allein im Jahre 1900 hielt man an der Idee fest, welche 1894 schon die Majorität erhalten hatte; man verlangte, daß die Institution der Ehescheidung sowohl vom nationalen als vom Domizilstaate anerkannt werde und daß auch die Ehescheidungsgründe nach der Gesetzgebung beider Staaten bestehen. Und das Prinzip wurde sowohl für die Ehescheidung als für die séparation de corps statuiert. Die maßgebenden Grundsätze der Konvention lauten folgendermaßen (wobei ich bemerke, daß auf Grund diplomatischer Unterhandlungen Art. 2 im ersten Absatz eine kleine Änderung erlitt):

Art. 1.

Les époux ne peuvent former une demande en divorce que si leur loi nationale et la loi du lieu où la demande est formée admettent le divorce l'un et l'autre.

Il en est de même de la séparation de corps.

Art. 2.

Le divorce ne peut être demandé que si, dans le cas dont il s'agit, il est admis à la fois par la loi nationale des époux et par la loi du lieu où la demande est formée, encore que ce soit pour des causes différentes.

Il en est de même de la séparation de corps.

Allerdings wurde eine kleine Modifikation des Prinzips zugelassen, weil in Italien Scheidungsklagen Auswärtiger angenommen werden, wenn ihr nationales Recht sie gestattet, obschon Italien selbst die Institution der Ehescheidung zurzeit noch nicht kennt. Der Fall ist sehr merkwürdig aber die Sache steht fest, — es liegt darin eine Art Eskomptierung des Ehescheidungsprojekts in Italien.[1])

Ich könnte nun nicht etwa sagen, daß die Bestimmungen des Art. 1 und 2 meine volle Sympathie hätten; denn es ist im einzelnen Falle sehr schwer, die Konkordanz zweier Gesetze nachzuweisen und ich halte es überhaupt nicht für richtig, die Schwierigkeiten im internationalen Privatrechte dadurch lösen zu wollen, daß man die Beobachtung zweier Gesetze verlangt: dies heißt, zu den Schwierigkeiten der Lage neue aufzutürmen. Immerhin hat die dritte Staatenkonferenz

---

[1]) Vergl. meine Schrift: Das internationale Privatrecht und die Staatenkonferenzen im Haag p. 51—53.

das Prinzip durch eine freilich subtile Unterscheidung etwas gemildert. Es wird nicht mehr eine Übereinstimmung der beiden Gesetze bezüglich des Ehescheidungsgrundes verlangt, sondern es genügt, daß ein Grund vorliege nach der lex patriae und ein anderer nach der lex domicilii. Der einzelne Grund wird dann internationalrechtlich als ein halber Grund (demie cause) angesehen und zwei halbe Gründe machen einen ganzen Grund. Dies ist es, was man durch den Zusatz in Art. 2 „encore que ce soit pour des causes différentes" noch deutlicher zum Ausdruck bringen wollte.

2. Besondere Schwierigkeiten bot auch die verschiedenartig geordnete Kompetenz der Gerichte[1]) zur Behandlung von Ehescheidungsklagen. Nach englisch-amerikanischer Auffassung sind die Gerichte des Domizils berechtigt, Ehescheidungsklagen anzunehmen. Für die kontinental-europäische Auffassung ist es überraschend, daß auch die Ehefrau in Nordamerika selbständig ein Domizil begründen kann, um an einem entlegenen Orte nach kurzer Zeit des Aufenthalts die Ehescheidung durchzusetzen: die vereinzelten Rechtseigentümlichkeiten in South Dakota und Oklahoma Territory wurden auch in Europa bekannt gemacht unter dem verführenden Titel: eine neue Ehescheidungsfabrik.[2])

Andere Staaten räumen nur den nationalen Gerichten die Kompetenz ein, die Ehescheidungsklagen ihrer Angehörigen zu beurteilen und noch andere eröffnen nur ausnahmsweise das heimatliche Forum.

Die Konvention hat nun zwar kein Forum begründet oder geschaffen, sondern sie machte die Gerichtskompetenz von der betreffenden Gesetzgebung abhängig. Besonders wichtig ist Art. 5 und 7. Ich zitiere Art. 5:

Article 5.	Artikel 5.
La demande en divorce ou en séparation de corps peut être formée:	Die Klage auf Scheidung oder auf Trennung von Tisch und Bett kann erhoben werden:
1. devant la juridiction compétente d'après la loi nationale des époux;	1. vor der nach dem Gesetze des Heimatstaates der Ehegatten zuständigen Gerichtsbarkeit;

[1]) Das Detail ist dargestellt in meinem Internationalen Zivilprozeßrecht S. 223 ff.

[2]) Zeitschrift für internationales Privat- und Straftecht IV S. 404—407.

2. devant la juridiction compétente du lieu où les époux sont domiciliés. Si, d'après leur législation nationale, les époux n'ont pas le même domicile, la juridiction compétente est celle du domicile du défendeur. Dans le cas d'abandon et dans le cas d'un changement de domicile opéré après que la cause de divorce ou de séparation est intervenue, la demande peut aussi être formée devant la juridiction compétente du dernier domicile commun. — Toutefois la juridiction nationale est réservée dans la mesure où cette juridiction est seule compétente pour la demande en divorce ou en séparation de corps. La juridiction étrangère reste compétente pour un mariage qui ne peut donner lieu à une demande en divorce ou en séparation de corps devant la juridiction nationale compétente.

2. vor der zuständigen Gerichtsbarkeit des Ortes, wo die Ehegatten ihren Wohnsitz haben. Wenn die Ehegatten nach der Gesetzgebung ihres Heimatstaats nicht denselben Wohnsitz haben, so ist die Gerichtsbarkeit des Wohnsitzes des Beklagten zuständig. Im Falle der böslichen Verlassung oder im Falle einer Verlegung des Wohnsitzes nach dem Eintritte des Scheidungs- oder Trennungsgrundes kann die Klage auch vor der zuständigen Gerichtsbarkeit des letzten gemeinsamen Wohnsitzes erhoben werden. — Die Gerichtsbarkeit des Heimatstaats ist allein berufen, soweit sie für die Scheidungs- oder Trennungsklage ausschließlich zuständig ist. Doch bleibt die fremde Gerichtsbarkeit zuständig für eine Ehe, in Ansehung deren die Scheidungs- oder Trennungsklage vor der zuständigen Gerichtsbarkeit des Heimatstaats nicht erhoben werden kann.

3.

Die Konvention über die Vormundschaft Minorenner und das Konventionsprojekt über die Interdiktion.

1. Beide Konventionen beruhen auf dem gleichen Prinzip; auch hier trug die lex patriae den Sieg davon. Art. 1 der „Convention pour régler la tutelle des mineurs" lautet folgendermaßen:

> La tutelle d'un mineur est reglée par sa loi nationale.

Und Art. 1 des Projet d'une Convention concernant l'interdiction et les mesures de protections analogues bestimmt:

> L'interdiction est régie par la loi nationale de la personne a interdire, sauf les dérogations à cette règle contenues dans les articles suivants.

2. Wenn der nationale Staat eine Vormundschaft über Minorenne nicht einleitet, so können die lokalen Behörden dies tun, aber dabei sind sie wiederum an die nationalen Gründe gebunden.

Bei der Interdiktion (bei körperlich schwachen Personen, Verschwendern, Geisteskranken) wird laut Art. 7 die Zulässigkeit dieser Maßregel nach dem nationalen Gesetze und dem Gesetz des Aufenthaltsorts verlangt, wenn die Behörden des letztern Staats eingreifen sollen. Wissenschaftlich ist die Kumulation zweier Gesetze, wie gesagt, sehr anfechtbar — ich finde darin keine feine Lösung.

3. Die Interdiktion übt überall ihre Wirkung aus soweit die Handlungsfähigkeit des Interdizierten in Frage liegt. Immerhin kann der Aufenthaltsstaat vorschreiben, daß, bevor diese Wirkung eintreten kann, die Maßregel des Auslandes zuerst bei ihm öffentlich bekannt gemacht werde. Dann datiert jene Beschränkung der Handlungsfähigkeit gegenüber gutgläubigen Dritten erst von jenem Zeitpunkte an.

Mit Art. 9 will auch keineswegs etwa gesagt werden, daß jede Interdiktion z. B. auch diejenige, die sich auf der Erklärung einer Geisteskrankheit stützt, ohne weiteres überall anerkannt werden müsse. Nach den Actes de la IV Conférence bleibt dabei die Frage der persönlichen Freiheit durchaus unberührt — mein Kollege Roguin hat diese Frage, auf die wir in der Schweiz großen Wert legen, in der Diskussion klar gestellt und alle Delegierten waren in dieser Beziehung vollständig einig (Actes de la IVème Conférence p. 25 u. 26).

4.

Das Konventionsprojekt über das Erbrecht.

Das im Jahr 1904 ausgearbeitete Projekt unterscheidet sich in nicht unerheblicher Weise von den früheren Projekten. Man kann sagen, daß es auf 4 Prinzipien ruhe:

1. es wird die Einheit oder die Universalität des Nachlasses statuiert — so daß also die Immobilien nicht etwa dem Erbrecht der gelegenen Sache unterstellt werden dürfen.

   Im kontinentalen Europa sieht man diesen Satz als sehr wichtig an, obwohl gegenwärtig Frankreich, Belgien, Niederlande, Ungarn, Rußland noch einem andern Gesetze huldigen. Allein die wissenschaftlichen Vertreter aller dieser Staaten erkennen an, daß der positive Rechtszustand reformbedürftig ist. Der Nachlaß darf nicht verzettelt und verschiedenen Gesetzen unterstellt werden.

2. der Nachlaß wird hinsichtlich des Übergangs an die Erben, der Erbenordnung, der Erbteile, der Repräsentation, der Kollation und des Pflichtteils dem nationalen Rechte unterstellt.

   Norwegen, Dänemark und die Schweiz huldigen bis anhin dem Domizilprinzipe. Als schweizerischer Vertreter suchte ich einen Mittelweg auf Grundlage des bestehenden Rechts. Art. 22 B. G. über die Rechtsverhältnisse der Niedergelassenen und Aufenthalter bestimmt:

> Die Erbfolge richtet sich nach dem Rechte des letzten Wohnsitzes des Erblassers.
>
> Durch letztwillige Verfügung oder durch Erbvertrag kann jedoch jemand die Erbfolge in seinen Nachlaß dem Rechte seines Heimatstaates unterstellen.

Diese Norm gilt auch für Ausländer, die in der Schweiz wohnen (Art. 32).

Ich habe nun in der Konferenz gesagt (vgl. z. B. Actes de la troisième Conférence p. 85—87), es sollte auch erbrechtlich ein Weg gefunden werden, um das Domizilrecht mit dem nationalen Rechte zu versöhnen. Ich schlug deswegen u. a. vor, zunächst zwar von der lex patriae auszugehen, aber dem Testator die Berechtigung einzuräumen, den Nachlaß durch einen formellen Akt dem Domizilrechte zu unterstellen — ich kehrte die schweizerische Bestimmung um. Ich betonte, daß sehr viele Individuen im heutigen Leben mit dem Domizilstaate innig verwachsen seien und daß es deswegen nicht richtig sei, diese Personen auch ausnahmslos dem Erbrechte des nationalen Staats zu unterwerfen, zu dem sie nur noch ein lockeres Band unterhalten.

Allein die Mehrheit verblieb auf dem Standpunkte, daß das nationale Recht unbedingt maßgebend sein müsse.

3. die Fremden stehen den Einheimischen erbrechtlich ganz gleich.

   Dies muß extra gesagt werden, weil es in Europa noch Staaten gibt, welche die Einheimischen als befugt erklären, die in ihrem Gebiete liegenden Vermögensstücke auf Grund des internen Erbrechts vorweg zu nehmen, obschon ein auswärtiges Gesetz auf den Nachlaß Anwendung findet. Dieser Satz ruht auf dem französischen Gesetze von 1819.[1])

4. Es wird versucht, die sog. imperativen oder prohibitiven Sätze durch bestimmte innerhalb eines Rahmens abzugebende Erklärungen der Regierungen der beteiligten Staaten zu spezifizieren (Art. 6). Diese Aufgabe wird in der folgenden Konferenz noch weiter behandelt werden.

Die schwierige Frage der Gerichtsbarkeit in Erbrechtsstreitigkeiten wird gleichfalls in der nächsten Konferenz diskutiert.[2])

---

1) Vergl. mein Handbuch II S. 133.

2) Das Deutsche Reich hat einen Entwurf über die Kompetenz der Gerichte ausgearbeitet, der abgedruckt ist in meinem internationalen Civilprozeßrechte S. 256 ff.

C.

Betreffend das internationale Konkursrecht.

Die Staatenkonferenz berührte hier eine Materie, die von den anderen sich grundsätzlich unterscheidet. Während das internationale Privatrecht sich damit beschäftigt, ob auf ein bestimmtes privatrechtliches Rechtsverhältnis einheimisches oder auswärtiges Privatrecht angewendet werden müsse, oder ob bei der Einleitung der Vormundschaft der Staat A berechtigt sei, ein Individuum des Staates B unter den Apparat einer Vormundschaft zu stellen, ist im internationalen Konkursrecht namentlich zu untersuchen, ob ein interner Konkurs ohne weiteres die im Auslande liegenden Aktiven erfassen und ob ein ausländischer Konkurs auch die im Inlande befindlichen Aktiven ergreifen könne, sodann, welchen Einfluß der Konkurs auf die Rechtsstellung des Konkursiten im internationalen Leben ausübe und wie die verschiedenen Rechtsvorgänge beim Konkurse, wie z. B. die Verlustscheine oder wie andere Ergebnisse, z. B. Zwangsnachlaßverträge oder Discharges international zu beurteilen seien (eine Frage, die auch interkolonial erheblich wird). Dabei ist auch wichtig festzustellen, inwieweit das interne Exekutionsrecht (Prozeßrecht) und materielles ausländisches Recht vorliege und zur Anwendung zu bringen sei. Im internationalen Konkursrechte k a n n freilich das ganze internationale Privatrecht zur Anwendung gelangen.[1])

Der Gegenstand wurde an der zweiten Staatenkonferenz (1894) aufgegriffen, allein der damals ausgearbeitete Entwurf bezeichnete sich selbst als eine nur ganz vorläufige Arbeit (Actes de la deuxième Conférence 1894 p. 59—62).[2]) Auf der dritten Konferenz wurde der Gegenstand wieder behandelt (Actes de la troisième Conférence p. 147—151), ohne indessen zu einem Konventionsprojekte zu führen.

Schon seit längerer Zeit wurde namentlich von italienischen Juristen der von Savigny (System des römischen Rechts VIII S. 283) hingeworfene Gedanke, daß der Konkurs nur an einem Orte möglich sei, sehr intensiv verfolgt, und sie stellten der Pluralité oder Territorialité de la faillite die Unité derselben gegenüber.[3]) Diesem Satze

---

1) Diese Bemerkung machen auch schon Lyon Caen und Renault, Traité de droit commercial VIII, 3. éd., No. 1225.

2) Vergl. auch meine Schrift „Das internationale Privatrecht und die Staatenkonferenzen im Haag" S. 80—84. Der Entwurf ist hier abgedruckt.

3) Vergl. z. B. Gemma „Il fallimento nei rapporti internazionali" 1897 S. 12. Die ganze Richtung knüpfte sich aber an die Schrift von Carle an, betitelt: „La dottrina giuridica del fallimento nel diritto privato internazionale" 1872.

huldigte auch ein internationaler in Turin 1880 abgehaltener Kongreß, — er faßte eingehende Konklusionen. [1])

Die gleiche Tendenz kam auch im Institut de droit international zum Durchbruche[2]) Es stellte in Paris 1894 Règles générales sur les rapports internationaux en matière de faillite auf (Annuaire XIII 1894—1895 p. 279—281) und Roguin arbeitete für die Sitzung in Brüssel 1902 Vorschläge aus (Annuaire XIX 1902 p. 115; Diskussion das. p. 232 ff) Das Institut beschloß, sich mit den aus der Diskussion hervorgegangenen Ergebnissen zu begnügen, — einzelne Fragen wurden nicht erledigt, sondern zunächst unerledigt und zur späteren Ordnung in suspenso belassen (Art. 4 des Vorschlages Roguin: Gleichstellung des Nichtkaufmanns mit dem Kaufmann; die Stellung des minorennen Interdizierten usw.; sowie die Frage der Hypotheken- und Vorzugsrechte).

Auch der Vertragsentwurf von Montevideo (1889) befaßte sich mit dem Konkursrechte, ohne aber die Universalität zu statuieren. Die Bestimmungen sind englisch abgedruckt in den Drucksachen der International American Conference, betitelt: „Reports of committees and discussions thereon" vol. II. p. 900—902.[3])

Der Gedanke der Universalität des Konkurses ist auf den ersten Blick geradezu bestechend. Er beruht auf der Anschauung, daß der Konkurs eine extraterritoriale Wirkung ausübe, daß der Konkurs alle Aktiven des Konkursiten ergreife, mögen sie sich wo immer befinden, und daß der Konkursverwalter des Konkursortes die für alle Gläubiger gerechte Verteilung vornehme. Allein sobald man mit praktischem Sinne an diese Frage herantritt, begreift man, daß Wharton „Conflict of laws" (§ 807) nicht mit Unrecht von this romantic cosmopolitan efficacy des Konkursurteils spricht.[4]) Die Konzentration des Konkurses bei auf dem Weltboden zerstreuten Aktiven bietet ungeheure Schwierigkeiten:

---

[1]) Vergl. meine Schrift „Geschichte und System des internationalen Privatrechts im Grundriß" S. 176 und 177.

[2]) Kohler beurteilt die Beschlüsse des Institut de dr. i. sehr ungünstig (Civilistisches Archiv 96 S. 348/9); denn er sagt, sie seien weit entfernt, die Schwierigkeiten der Frage richtig zu erlassen, und die Verhandlungen können in keiner Weise als eine Förderung der Sache angesehen werden.

[3]) Die Bestimmungen finden sich auch in meiner Schrift „Die Kodifikation des internationalen Zivil- und Handelsrechts" S. 133—146 und in der Zeitschrift für internationales Privat- und Strafrecht I S. 480—482 (Heck).

[4]) Vergl. auch Kleinfeller „Die Universalität der Wirkungen des Konkurseröffnungsbeschlusses" in der Zeitschrift für internationales Privat- und öffentliches Recht XIII S. 549—574.

1. wegen der Dislokation der Vermögensbestandteile,
2. wegen der Geltendmachung der Ansprüche an einem Orte, — dabei ist namentlich auch auf die sprachlichen Schwierigkeiten hinzuweisen;
3. es kommen Umstände in Betracht, die sich namentlich auf die Kreditwürdigkeit der auswärtigen Beamten, auf die Festigkeit der auswärtigen Gerichte, zweifelhaften Konkursen entgegenzutreten und auf die Überzeugung beziehen, daß alle Gläubiger gleichmäßig gehalten werden. Mit einem Worte: es liegt eine Frage des gegenseitigen intensivsten Vertrauens vor.

Unter diesen Umständen hat die Staatenkonferenz im Haag darauf verzichtet, ein für alle vertretenen Staaten geltendes Vertragsprojekt auszuarbeiten. Sie begnügte sich, 1904 ein Vertragsmuster herzustellen für solche Staaten, welche untereinander konkursrechtliche Staatsverträge schließen wollen, — es muß jedem einzelnen Staate die Prüfung der Frage vorbehalten werden, ob er einen Vertrag mit einem anderen abschließen wolle.[1])

Die moderne Welt kennt denn auch einige wenige Staatsverträge zwischen drei Staaten, die auf dieser bescheideneren Grundlage vorgegangen und die zwischen ihnen die Universalität des Konkurses sanktioniert haben. In dieser Beziehung ist zu verweisen auf folgende Staatsverträge:[2])

1. zwischen Frankreich und der Schweiz von 1869 (Art. 6—9 des Gerichtsstandsvertrages behandeln das Konkursrecht),
2. zwischen Frankreich und Belgien von 1899 (Art. 8),
3. zwischen Württemberg und der Schweiz von 1826 (Die Verträge mit Bayern und Sachsen gehen nicht soweit).

---

[1]) Diese Ansicht ist auch von Lyon-Caen und Renault „Traité de droit commercial" VIII No. 1327 verfochten: Nous pensons . . . qu'il ne peut s'agir que de conventions entre deux Etats déterminés dont la législation et l'organisation judiciaire n'offrent pas de divergence trop accentuées. — Schon frühe kamen in den Niederlanden Verständigungen vor, durch welche die einheitliche Wirkung des Konkurses innerhalb eines größeren Staatsgebiets herbeigeführt wurde. I. Voet, Commentarius ad Pandectas liber I tit. IV § 17 zitiert eine Verständigung zwischen den Staaten Holland und Utrecht von 1689.

[2]) Daneben gibt es noch einzelne Staatsverträge, die mitten unter andern Dingen Teilfragen des Konkursrechts ordnen. Dies trifft bezüglich einzelner Verträge des Deutschen Reiches zu (vergl. Böhm, „Die räumliche Herrschaft der Rechtsnormen" 1890 S. 212—214). Ferner enthält der Niederlassungs- und Konsularvertrag zwischen Italien und der Schweiz von 1868 eine Bestimmung konkursrechtlicher Art (Art. 8).

III.

Wenn es sich nun darum handelt zu untersuchen, ob andere Staaten der Welt und speziell England und Amerika in der Lage wären, in Zukunft an den Konferenzen im Haag teilzunehmen, und eventuell den Konventionen und den Konventionsprojekten beizutreten, so ist folgendes zu betonen:

Die Frage dürfte wohl bejaht werden bezüglich der Konvention über das internationale Prozeßrecht.

Es handelt sich hier um eine neutrale Materie, der aber immerhin eine erhebliche Bedeutung für die Durchführung der Justizpflege zukommt. Auf der ganzen Welt besteht das dringende Bedürfnis, daß die Gerechtigkeit siege und daß dies speziell auch geschehe bei den prozessualischen Tournieren. Indem die Staaten sich verpflichten, sich gegenseitig die Hand zu reichen bei den Erhebungen durch Einvernehmung von Zeugen, bei der Ausstellung von Expertisen, bei der Übersendung von Akten, indem sie ferner dafür sorgen, den Fremden gleich den Einheimischen die Gerichtstür ohne Auflegung von Kautionen zu öffnen, die auswärtigen Armen ohne Unterschied der Nationalität wie die einheimischen vor Gericht zuzulassen usw., erheben sie die Sache der Gerechtigkeit zu einer Frage der Menschheit und sie verleihen ihr den Stempel der Universalität. Damit werden die Staaten der idealen Aufgabe der Justiz allein gerecht.

Aber abgesehen davon, daß mit dieser „Union internationale" die Justiz auf den allein richtigen Boden gestellt ist, entsteht durch die rechtliche Berührung der einzelnen Völker auch eine weit gerechtere Beurteilung ihrer Institutionen, — es ist ähnlich dem Prozesse, den das einzelne Individuum durchmacht, wenn es die Sprache und Literatur eines andern Volkes studiert: Sie können sicher sein, daß jeder, der die Sprache eines fremden Volkes versteht, seine Institutionen gerecht würdigt. Die einzelnen Völker sind denn auch nur Teile eines großen Ganzen, und das Wohl des Ganzen muß uns auch im Rechte am Herzen liegen.

2.

Weit schwieriger ist die Sache bezüglich der Fragen des internationalen Privatrechts und bezüglich der von 7 Staaten angenommenen Konventionen und sodann der Konventionsprojekte zu beurteilen.

In dieser Beziehung ist es nötig, einige allgemeine Bemerkungen zu machen. Die über das internationale Privatrecht in der Welt geltenden Gesetzesnormen und Theorien lassen sich auf drei Hauptunterschiede zurückführen:

a) es gibt eine Gruppe von Staaten, welche dem Satze huldigen, daß ihre Angehörigen auch im Auslande hinsichtlich des Privatrechts sich auf das nationale Recht berufen können, namentlich hinsichtlich des Personen-, Familien- und Erbrechtes, und daß auch die Auswärtigen im internen Staate das Gleiche tun können, — dieser Praxis huldigt fast ganz Europa mit Ausnahme von England, Dänemark, Norwegen, Schweiz;

b) es gibt eine Gruppe von Staaten, in welchen das Recht des jeweiligen Domizils entscheidet. Dies ist nach Wharton das Recht der Vereinigten Staaten von Amerika, sodann das Recht der Provinz Quebec gemäß einer Reihe von Bestimmungen des Civil Code of lower Canada (z. B. Art. 6, 7, 8, 135, 599, 600, 776)[1]), ferner harmoniert damit das Gesetz von Argentinien und auch der Vertragsentwurf von Montevideo.

   Wharton nennt im „Conflict of laws" § 8 die Nationalität ein „unfair standard of personal law";

c) ein anderes Staatengebiet sieht lediglich auf das Recht des Platzes, auf welchem sich die Parteien befinden. Dies ist England. Der amerikanische Jurist Dudley Field stellt in seinem Werke „Draft outlines of an international Code" (unter dem Titel „personal capacity") folgendes Prinzip au (Art. 542):

   „The civil capacities and incapacities of an individual in reference to a transaction with living persons except so far as it affects immovable property — — are governed by the law of the place where the transaction is had, whatever may be his national character or domicil or the place of his birth.

   Und Dudley Field gab sich dem fröhlichen Irrtume hin, als ob in Europa die Strömung sich dieser Auffassung hinneige; denn er sagt: It is not the rule now recognized by European international law, although the tendency of opinion is in this direction!

Auf dem europäischen Kontinent besteht seit einigen Dezennien auf grund der neuen italienischen Schule, die sich auf den italienischen Juristen und Staatsmann Mancini zurückführen läßt, eine Art juristischen Dogmas, daß im internationalen Leben das nationale Recht und Gesetz die maßgebende und alleinige Rolle zu spielen habe. Sir Walter Phillimore sprach in seinem Vortrage in der International Law Association zu Glasgow 1901 von der „more modern school of

---

[1]) Vergl. dazu E. Lafleur, „The Conflict of Laws in the Province of Quebec", Montreal 1898.

French jurists"[1]). Dies ist ein Irrtum. Die Lehre stammt aus Italien, und man darf diesfalls von der neuen italienischen Schule sprechen.[2]) Sie entstammt zum Teil politischen Erwägungen insofern, als man glaubt, die Entfaltung eines Volkes zu einer einheitlichen Nation verlange mit Notwendigkeit, daß seine Angehörigen auch im Auslande als Angehörige desselben respektiert und zivilrechtlich als dem nationalen Privatrechte unterworfen angesehen werden. Darin liegt aber ein Irrtum. Ich erkenne durchaus an, daß die lex patriae in vielen Gebieten des internationalen Privatrechts die Richtschnur abgeben muß, allein ich bestreite, daß diese Formel eine Alleinherrschaft beanspruchen könne: sie hält im praktischen Leben, in welchem ich so lange tätig war, die Probe nicht aus. Ich bin nie müde geworden, darauf hinzuweisen, daß eine Versöhnung der beiden Hauptprinzipien herbeigeführt werden sollte, und ich habe die Aufgabe der Wissenschaft folgendermaßen präzisiert[3]):

> „Es ist derjenige Einfluß genau festzustellen, den einesteils die Gesetzgebung des Domizils oder Aufenthalts geltend machen darf und den andernteils die Fortdauer des publizistischen Bandes, welches die Individuen mit dem Nationalstaate (Heimatsstaate) verknüpft, beansprucht und rechtfertigt."

Den Gedanken jener Versöhnung habe ich auch auf den Staatenkonferenzen stets vertreten (Actes 1893 p. 69; Actes 1894 p. 37; Actes 1900 p. 85—87). Und auch im Jahre 1904 habe ich wiederum auf die Notwendigkeit, eine sententia media zu sanktionieren, hingewiesen, — ich wurde dabei von meinem schweizerischen Kollegen Roguin mit einer Formulierung im Erbrechte unterstützt, bezüglich deren ich allerdings einige praktische Zweifel hege. Eine Versöhnung der zwei sich bekämpfenden Prinzipien ließe sich aber dadurch herbeiführen:

---

[1]) Vergl. Report of the twentieth Conference p. 230. Hier sagt W. Phillimore: „The more modern school of French jurists would, if I understand them aright, reject the lex domicilii and substitute for it the national law."

[2]) Vergl. mein Handbuch I S. 120 ff. Die erste italienische Schule kann an den Namen des großen Juristen Bartolus angeknüpft werden.

[3]) Ich machte diese Anregung in meiner (vergriffenen) Broschüre „Der erste europäische Staatenkongreß über internationales Privatrecht" (Wien 1894) S. 10, in meinem Vortrage: „Der internationale Geist in der Jurisprudenz (Zürich 1897) S. 27, in meiner Abhandlung: Das Problem des internationalen Privatrechts" im Österreichischen Centralblatt für die juristische Praxis XV S. 193—222, in meiner Abhandlung: Über das historische Debut der Doktrin des internationalen Privat- und Strafrechts (Leipzig 1899) S. 12 und in meinem Handbuch I S. 164—167.

1. daß man eine Zeitfrist feststellen würde, nach welcher die im internen Staate domizilierenden Ausländer privatrechtlich dem Domizilrechte unterworfen würden, — sagen wir eine Zeitfrist von 5 oder 10 Jahren. Wir würden damit die Fremden nicht zwingen, auf ihre auswärtige Nationalität zu verzichten;
2. daß ein Stück des nationalen Rechts und ein Stück des Domizilrechts respektiert wird. Dieser Mittelweg wäre möglich:
   im Personenrechte bez. des Status,
   im Familienrechte:
      bez. des ehelichen Güterrechts,
      bez. der Ehescheidung,
      bez. der Vormundschaft;
3. daß die Kinder eines Fremden, die im internen Staate geboren werden, Angehörige des Staates werden.

Diese Gedanken sind, wie ich glaube, der englisch-amerikanischen Rechtswelt weit zugänglicher, als den Juristen des europäischen Kontinents. Und vielleicht hätte ich mit meiner versöhnenden Richtung mehr Aussicht auf Erfolg gehabt, wenn England und Amerika an den Konferenzen auch teilgenommen hätten — jedenfalls habe ich stets bedauert, daß diese Länder im Haag fehlten.[1]) Die schrankenlose Betonung der lex patriae ist gefährlich, wenn man Wert auf die Einheit des Privatrechts legt; denn sie wird ja zerstört, wenn die Ausländer im internen Staate prätendieren nach ihrem nationalen Rechte behandelt zu werden. Ganz besonders schlimm ist dies, wo (wie in Nordamerika und in der Schweiz) sehr viele Fremde leben. Indessen ist es sehr schwer, gegen feststehende juristische Glaubensartikel zu kämpfen, und damit haben wir es bei der lex patriae zu tun. Speziell kleine Staaten wie die Schweiz sind deswegen in einer peinlichen Situation: sie müssen dem Zuge folgen, den die Doktrin und Gesetzgebung nimmt, auch wenn sie sehr wenig davon überzeugt sind, daß dieser Zug richtig ist.

Daß aber auf der andern Seite die schrankenlose Alleinherrschaft der Territorialität (englische Auffassung) und der lex domicilii (amerikanische Auffassung: Wharton) erschüttert ist, sehe ich zu meinem Vergnügen aus der zitierten Abhandlung von Sir Walter Phillimore, der in einer in der International Law Association zu

[1]) Die Abwesenheit der englisch-amerikanischen Völkerfamilie beklagte ich schon in der Broschüre „Der erste europäische Staatenkongreß über das internationale Privatrecht“ Wien 1894 S. 13 u. 14. Im Handbuch, I S. 23 betonte ich, die Vertreter der englisch-amerikanischen Rechtsgruppe hätten ein Gegengewicht bilden können gegen die Übertreibungen der lex patriae. Auch im „Internationalen Zivilprozeßrecht“ S. 26 gab ich meinem Bedauern Ausdruck. Simeon E. Baldwin ist anderer Meinung. Vergl. Harvard Law Review XVII p. 402 und Columbia Law Review IV p. 307.

Glasgow gehaltenen Rede (Report of the twentieth Conference p. 230) die bemerkenswerten Worte sprach, als er die moderne Schule für das nationale Recht erwähnte: „I have a great sympathy with this school and I see much that would be gained in simplicity and certainty by substituting in all questions of personal status the national law for the law of domicil." Diese Worte enthalten die denkbar schärfste Antithese zu den Ausführungen der anerkanntesten englisch-amerikanischen Schriftsteller (Westlake, Wharton, Story, Dudley-Field). Wenn diese Worte im englisch-amerikanischen Rechtskreise nach und nach Schule machen würden, bestände eine Aussicht für die von mir befürwortete Versöhnung der beiden Hauptprinzipien, und es wäre dann möglich, daß die alte und neue Welt einheitliche Kollisionsnormen zur Anerkennung bringen würden und zwar durch Konzessionen auf beiden Seiten.

Allein vorläufig habe ich noch ernsthafte Zweifel darüber, ob die Zeit schon jetzt gekommen sei dafür, daß England und Amerika den Konventionen beitreten, — eine andere Frage ist es, ob sich diese Staaten nicht bei den Konferenzen ad audiendum et referendum vertreten lassen sollen. Die Divergenzen in den Theorien über das internationale Privatrecht sind eben — abgesehen vom Personalstatut — sehr bedeutend. Ich erinnere hier nur an die Tatsache, daß nach einem hervorragenden Grundzug des englisch-amerikanischen Rechts die Behandlung der Immobilien sich vollständig nach dem Rechte der Lage richtet. Dies gilt bezüglich:

a) der Handlungsfähigkeit,
b) der Form der Rechtsgeschäfte,
c) des Erbrechts.

Ich verweise hier auf folgende Aussprüche der ersten Autoritäten:

Story „Conflict of laws" § 424 ff.: ‚The general principle of the common law is, that the laws of the place where such property is situated, exclusively govern in respect to the right of the parties, the modes of transfer, and the solemnities which should accompany them.'

In Art. 586 bestimmt Dudley Field:

> The succession of the immovable property of one who dies intestate as to such property, is determined exclusively by the law of the place in which the immovables are locally situated.

Wharton drückt sich „Conflict of laws" § 560 sehr bestimmt dahin aus: The law both in England, the United States and France is clearly settled that in those countries, in matters of succession, realty is governed by the lex rei sitae.

Kent „Commentaries on American law" 12 ed. (by Holmes), II p. 429—431. Dieser Jurist meint sagen zu können, es sei well settled in the law of all civilized countries that real property as to its tenure, mode of enjoyment, transfer and descent is to be regulated by the lex loci rei sitae.

Nun muß freilich gesagt werden, daß speziell in Nordamerika kein juristisch zureichender Grund für die Herrschaft des Sachstatuts bei Immobilien auch dann besteht, wenn es sich nicht um sachenrechtliche Rechte handelt, zumal meines Wissens der Feudalismus in Nordamerika, so wie er in Europa galt, nie eingeführt worden ist. Die Theorie, daß immer da, wo Immobilien in Frage kommen (personenrechtlich, obligationenrechtlich, erbrechtlich), das Gesetz der gelegenen Sache gelten müsse, wurde lediglich aus England als eine Art koloniales Frachtgut hinübergebracht, und England bezog den Satz aus den Niederlanden — auch Rechtsnormen unterliegen der Völkerwanderung. Aber auch abgesehen vom Feudalismus und abgesehen von dieser Reise, welche die Theorie gemacht hat, ist es dringend wünschenswert, daß England-Amerika seine schrankenlose Überweisung der Immobilien an das Sachstatut aufgebe: der Satz ist auf das Sachenrecht zu beschränken. Namentlich auch auf dem Gebiete des Erbrechts kann er nicht anerkannt werden, weil der Nachlaß als Einheit nur einem Rechte unterstehen kann und soll.

Allein es wäre eine Verkennung des geschichtlichen Tempos, wollte man dem englisch-amerikanischen Rechtskreise zumuten, gewissermaßen von einem Tag auf den andern die ihm lieb gewordenen und die im Volke bestehenden Anschauungen zu ändern. Hierzu bedarf es einer längeren Zeit, eingehender Studien, der Vergleichungen und der Aufklärung der Jugend.

Nun ist es richtig, daß es auch unter den Staaten des europäischen Kontinents vorläufig noch Gesetzgebungen gibt, welche die Immobilien der lex rei sitae zuweisen, so Österreich, Frankreich, Rußland. Allein wenigstens in den zwei ersteren Ländern ist die Richtigkeit dieser Theorie gründlich erschüttert, und der Glaube daran besteht nicht mehr. Und auch in Rußland ist der bekannte Jurist v. Martens „en pure théorie" dagegen.[1]) Allein in England und Nordamerika stehen wir vor einem juristischen Glaubensartikel, und wie schwer der Glaube zu reformieren ist, wissen wir alle: dies gilt zumal von einem Volke, das im Rechte sehr konservativ ist.[2]) In diesen Ländern ist kein einziger Schriftsteller gegen die herrschende Auffassung aufgetreten.

---

[1]) Martens-Léo „Droit international" II p. 455.

[2]) Dies zeigt sich auch im Kapitel der Verjährung. Wharton § 545 bemerkt bezüglich der Verjährung, die europäischen Juristen

Immerhin gibt es vielleicht eine Konvention, nämlich die betreffend den Abschluß der Ehe, welche auch für England und Amerika gerade deswegen akzeptabel ist, weil in Art. 1, abgesehen vom nationalen Rechte, auch andere Rechte vorbehalten sind. In dieser Beziehung ist neuerdings auf die Ausführungen von Sir Walter Phillimore (im Report of the twentieth Conference of the international law Association, London 1901 p. 228 ff.) zu verweisen. Dieser Jurist will sogar die Bedingungen für die rechtsgültige Eingehung der Ehe erweitern, denn er schlägt folgende These vor (p. 238):

> The essentials of marriage should be regulated by the personal law and by the lex loci: both should be complied with.

Diese Kumulation geht meiner Ansicht nach wieder zu weit, aber sie zeigt deutlich, wie sehr bei Phillimore der Glaube an die allein selig machende lex domicilii erschüttert ist!

Die Haager Konventionen bildeten den Gegenstand einer allgemeinen Erörterung in der International Law Association in Antwerpen 1903. Sir Walter Phillimore hielt auch hier eine Rede, in der er „the desirability of the British Government taking part in the legal Conference at the Hague on private international law" erörterte (Report of the twenty-first Conference 1904 p. 80). Phillimore betonte, es sei zu bedauern, daß Großbritannien sich an den Konferenzen im Haag (und an anderen Konferenzen über Seerecht) bis jetzt nicht beteiligt hat. Und Sir William Kennedy (Judge of the High Court of Justice in London) schlug eine Resolution vor (p. 85), die angenommen wurde (p. 93):

> That this Conference, considering the great importance of the co-operation of the Government of Great Britain in relation to International Conventions for such purposes as are set forth in Sir Walter Phillimore's paper, resolves that it is desirable that the Executive Council of this Association should take steps respectfully to lay before the British Government the points dealt with in that paper, together with this resolution and to obtain permission for the audience of a deputation for the purpose.

Bisher ist freilich in England ein praktisches Resultat nicht entstanden!

Aber wenn meiner Ansicht nach jetzt die Zeit dazu noch nicht gekommen ist, daß England und Amerika allen Haager Konventionen beitreten, so kann doch der Gedanke nach und nach reif werden. Diese Hoffnung möchte ich hier aussprechen, und dies leitet mich über zu einer Zusammenstellung meiner Ideen.

---

opponieren gegen die Unterstellung der Verjährung unter die lex fori; die Gründe seien beachtenswert, allein er hält an der Praxis fest. Warum? „The rule is now too firmly settled to be shaken." Vergl. mein Handbuch I S. 210.

Résumé.

Die Bedeutung und die Tragweite der im Haag stattgefundenen Staatenkonferenzen gegenüber anderen Staaten kann folgendermaßen zusammengefaßt werden.

I. Der Beweis ist in Europa geliefert worden, daß die allmähliche Herausarbeitung von Rechtsregeln über die privatrechtlichen Konflikte der Gesetze oder, wenn man lieber will, eines Codex über das internationale Privatrecht auf dem Wege von Staatsverträgen[1]) *keine Illusion ist.*

Dieses Ergebnis der Haager Konferenzen ist im allgemeinen gesagt von der denkbar höchsten Bedeutung; denn es liefert ein beachtenswertes europäisches Gegenstück zu den Vertragsprojekten, welche die süd- und mittelamerikanischen Staaten in Lima 1878 und Montevideo 1889[2]) *ausgearbeitet haben.*

II. Ganz besonders wichtig ist, daß bei den Staatenkonferenzen im Haag der allein zutreffende Weg gefunden worden ist, der betreten werden muß: es ist an das Detail der Fragen heranzugehen, und die Zeit jener allgemeinen Axiomata ist vorüber, deren Bedeutung Jahrhunderte lang in den Vordergrund gestellt worden ist.

Auf dem als gangbar erwiesenen Wege der Spezialisierung sind die weitern Bestrebungen fortzusetzen.

III. Allerdings muß zugegeben werden, daß wir auch nach den vier Staatenkonferenzen im Haag erst am Anfange der großen Aufgabe stehen und daß es ganz besonders nötig ist, die Disziplin des internationalen Privatrechts in allen Staaten intensiv und viel eingehender als jetzt zu pflegen. Es muß ein edler Wettstreit der Juristen der ganzen Welt hervorgerufen werden.

Nur dann kann die universelle Einheitlichkeit der Kollisionsnormen ernsthaft ins Auge gefaßt werden. Das internationale Traktandum muß aber allerdings international und universalistisch in die Hand genommen werden, wenn es zutreffend erledigt werden soll.

Um ein praktisches Ziel zu erreichen, sind verschiedene Gefahren zu vermeiden.

IV. Die Behandlung der Materie muß mit einer gewissen Systematik und Methode erfolgen, und jedes Stürmen und Drängen ist ernstlich fern zu halten. Die Weltgeschichte hat die nötige Zeit

[1]) Vergl. dazu Fr. Kahn „Die einheitliche Kodifikation des internationalen Privatrechts durch Staatsverträge“ Leipzig. 1904. Contuzzi „Le conferenze di diritto internazionale privato all' Aja.“ Napoli 1904 stellt S. 312—320 allgemeine Betrachtungen an über den Beruf Europas, auf Grundlage der im Haag abgehaltenen Staatenkonferenzen das internationale Privatrecht zu kodifizieren.

[2]) Ich habe diese Vertragsprojekte in meiner Schrift „Die Kodifikation des internationalen Zivil- und Handelsrechts“ (Leipzig 1891) zum Abdruck gebracht.

zu ihrer Verfügung.[1]) *Allerdings bedarf jeder Fortschritt einer gewissen idealen Stimmung,*[2]) *allein die sofortige Fertigstellung eines großen Planes ist in der Regel sehr fragwürdig, obschon allerdings der panamerikanische Kongreß (abgehalten in Mexico 1901—02) beschloß, es sei in möglichst kurzer Zeit ein Code de droit international privé durch eine Kommission von fünf amerikanischen und zwei europäischen Juristen auszuarbeiten.*

Es darf hier an die Tatsache erinnert werden, daß zwei historische Vorläufer der Haager Konferenz erfolglos geblieben sind, nämlich die Bemühungen der Niederlande von 1874 eine Konferenz zustande zu bringen betreffend eine Verständigung über die Exekution auswärtiger Zivilurteile und die Bemühungen von Mancini von 1881. Daraus ist unschwer die Lehre zu ziehen, daß der Boden für alle Neuerungen immer zuerst sorgfältig präpariert werden muß, und dies geschah bis anhin ganz speziell durch die Arbeiten des Institut de droit international und z. T. durch diejenigen der International Law Association.

V. Wenn in dem der Geschichte eigenen. Tempo auf die universelle Einheitlichkeit der Kollisionsnormen hingearbeitet werden will, so ist es ganz besonders nötig, daß alle Staaten ein lebhaftes Interesse zeigen für das internationale Privatrecht, daß speziell die englisch-amerikanische Jurisprudenz ihre bisherigen Anschauungen in einzelnen Gebieten reformiert, daß namentlich England und Amerika die Materialien der Haager Konferenz studieren und einer sorgfältigen Prüfung die Frage unterstellen, ob sie sich in Zukunft nicht ebenfalls an den Konferenzen beteiligen wollen.[3])

Bei der Beantwortung dieser Frage darf der untergelaufene Irrtum nicht wiederholt werden, der in England passierte. Die Tendenz, kosmopolitische Kollisionsnormen zu schaffen, läßt die nationale Autonomie jedes Staates hinsichtlich seines materiellen Privatrechts völlig unberührt, und die zu vereinbarenden Kollisions-

---

[1]) Auch Brocher „Cours de droit international privé suivant les principes consacrés par le droit positif français" II p. 428 ist dieser Ansicht, wenn er ausführt: „Il ne faut pas se le dissimuler: les antécédents historiques et la position actuelle de certains Etats s'opposeront longtemps encore à ce que l'unité se fasse d'une manière plus ou moins absolue; c'est un but qu'il faut se proposer d'atteindre sans y mettre trop d'impatience."

[2]) Zweifellos besteht in neuerer Zeit ein gewisser internationaler Zug auch in England, der sehr erfreulich ist. So hat z. B. G. G. Phillimore sich im „Journal of the Society of comparative legislation" 1904 dafür ausgesprochen, daß England sich an den internationalen Verband des Eisenbahnfrachtrechts anschließen sollte.

[3]) Ich verweise hier auch auf die Ausführung von Simeon E. Baldwin in der Abhandlung: „Recent progress towards agreement on rules to prevent a conflict of laws" in „Harvard Law Review" April 1904 p. 404.

normen setzen ja gerade ein divergentes materielles Privatrecht voraus. Wenn also England im Jahre 1893 die Beteiligung an den Haager Konferenzen mit Rücksicht auf die besondere Natur des englischen Privatrechts abgelehnt hat, so war dies, wie mir scheint, die Folge eines Irrtums über die Aufgabe und Tendenzen der erwähnten Konferenzen.[1])

Mit der geschilderten Auffassung stimmt auch, daß Lord Granville auf das Memorandum des italienischen Ministers Mancini (von 1881) erklärt hatte, es könnten gegebenen Falles Gegenstand der Verständigung folgende Materien bilden : die Nationalität, gemischte Ehen, Domizil, Erbrecht, droit d'aubaine sowie die Exekution fremder Urteile (Journal du droit int. XIII, 1886 p. 46).

VI. Weiter ist absolut notwendig, daß in allen Staaten wenigstens an den größeren Universitäten das internationale Privatrecht als ein selbständiger Rechtszweig methodisch gelehrt und gelernt werde. Es sind mit andern Worten dafür eigene Lehrstühle zu errichten, und hier könnte Amerika mit seinen großartigen Gönnern der Universitäten vielen Staaten Europas voranleuchten.[2])

Daneben muß naturgemäß auch der vergleichenden Rechtswissenschaft[3]) *an den Universitäten besondere Beachtung geschenkt werden.*

VII. Es ist auch praktisch, wenn in den hauptsächlichsten Staaten besondere private oder amtliche Kommissionen gebildet werden, welchen die Aufgabe zufällt, die Materie des internationalen Privatrechts besonders zu studieren, Vorschläge zur gesetzlichen Ordnung und zur Abfassung von Staatsverträgen zu machen.

In diesem Sinne wurde in Frankreich, Niederlanden, in Belgien und Rußland vorgegangen. Dabei ließen sich diese Staaten von dem Geiste der Haager Konferenzen inspirieren.

VIII. Besonders dringlich ist es auch, daß in jedem Staate amtlich unterhaltene Rechtsstationen aufgerichtet werden, die sichere

---

[1]) Es ist zutreffend, wenn Staatsrat Asser an der ersten Staatenkonferenz (12. September 1893) folgendes ausführte (Actes de la Conférence de la Haye 1893 p. 26): „Nous respecterons la souveraineté et l'autonomie des Etats. Nous n'aspirons pas à l'unification générale du droit privé. Au contraire, c'est précisément la diversité des lois nationales qui fait sentir la nécessité d'une solution uniforme des conflits internationaux.

Le programme de cette Conférence est donc, en lui même, un éclatant hommage à l'autonomie nationale."

[2]) Auf diese Notwendigkeit habe ich oft und viel hingewiesen. Dies geschah schon in meiner Schrift: „Die internationalen Unionen über das Recht der Weltverkehrsanstalten und des geistigen Eigentums" (Leipzig 1889) S. 77.

[3]) Ich darf hier wohl auf meine Schrift hinweisen betitelt: „Institutionen der vergleichenden Rechtswissenschaft". Ein Grundriß. (Stuttgart 1898). Ich habe dort die Materialien zusammengestellt.

Auskunft über das bestehende Privatrecht zu Händen auswärtiger Gerichte zu erteilen hätten. Parteien, Advokaten und Richter befinden sich häufig in der peinlichsten Lage, weil sie nicht wissen wie und wo sie diese Auskunft erlangen können, — speziell gilt dies auch von dem im englisch-amerikanischen Rechtskreise geltenden Rechte. Indem ich dies sage, muß ich immerhin anerkennen, daß die American Academy of political and social science hinsichtlich der Verbreitung der Kenntnis auswärtigen Rechts Verdienste aufzuweisen hat.

Darüber müssen wir alle vollkommen im klaren sein: das internationale Leben befindet sich vermöge des leichten Verkehrs von Staat zu Staat und von Weltteil zu Weltteil in einem steten und ruhmvollen Fortschritte. Diesem Laufe der Dinge muß sich auch die Rechtswissenschaft und Gesetzgebung parallel anschmiegen. Dieser moderne Zug ist es, dem die Haager Konferenzen ihre Entstehung verdanken. Die niederländische Regierung und der Promotor dieser Idee, Herr Staatsrat und Minister Asser im Haag, sind im Grunde genommen die Herolde, welche den Bedürfnissen der juristischen Neuzeit zum Ausdruck verholfen haben. Und das im Haag begonnene Werk kann, wenn die Völker den guten Willen zeigen, gar leicht zum Ausgangspunkte einer wichtigen Rechtsentwicklung werden. Nichts ist so klar als dieses: wahrhaft groß, bedeutsam und wirksam kann das internationale Privatrecht nur dann werden, wenn die von ihm aufgestellten Regeln auf der ganzen Welt gleichmäßig anerkannt werden. Dazu bedarf es neben der Begeisterung, für die Gerechtigkeit methodischer Arbeit, gründlicher Studien, kontinuierlicher Belehrung. Wenn ich nun bedenke, daß schon häufig die Weltausstellungen auch der Jurisprudenz neue Impulse verliehen haben, so wage ich zu hoffen, daß die Geschichte einstens von derjenigen in St. Louis verkünden möge:

> *Das internationale Privatrecht hat in St. Louis eine neue Belebung und Befruchtung erhalten, indem hier auf die Notwendigkeit hingewiesen worden ist, daß alle Staaten und speziell auch der englisch-amerikanische Rechtskreis sich hinsichtlich der Kollisionsnormen auf Grund der Haager Konferenzen den europäischen annähern müssen und daß diese Lehre nur dann ernsthaft gedeihen könne, wenn sie getragen werde von dem Geiste der Universalität.*

Dieser Geist des Universalismus muß — und damit schließe ich — in Zukunft überall sorgfältig gepflegt werden. Dann wird die Wissenschaft des internationalen Privatrechts und das internationale Leben große Fortschritte machen.

GPSR Compliance

The European Union's (EU) General Product Safety Regulation (GPSR) is a set of rules that requires consumer products to be safe and our obligations to ensure this.

If you have any concerns about our products, you can contact us on ProductSafety@springernature.com

In case Publisher is established outside the EU, the EU authorized representative is:

Springer Nature Customer Service Center GmbH
Europaplatz 3
69115 Heidelberg, Germany

Batch number: 10845480

Printed by Printforce, the Netherlands